~A MIS~ AMIGOS —en— LATINOAMÉRICA

Jim Colorado

A Mis Amigos en Latinoamérica

Copyright © 2023 Jim Colorado

Todos derechos reservados.

Se no puede reproducir ni transmitir cualquier parte de este libro, por ningún medio, electrónica o mecánica, sin el permiso expreso por escrito del editor.

En memoria de

nuestro hijito, Jeremy

A mi amigo en Latinoamérica,

Hola. Soy Jim, pronunciado como *llim*. Mucho gusto, y perdón mi español torpe y mi voz familiar. Te escribo con amor y con urgencia, y necesito usar los instrumentos que tengo.

Hablo un poco de español porque he pasado mucho tiempo en el país de mi esposa, el Perú. No soy rico; todavía tengo mucha deuda de estas visitas, pero todo valió la pena. Las visitas cambiaron mi vida y mejoraron mi persona, y se unieron a mi y mi esposa.

Allí, encontré seres humanos, no más y no menos. Viví en la capital,

Lima, y también en Piura, la ciudad de mi familia peruana. He pasado unos meses en ambos, siempre con mi querida esposita.

Hay algo tan diferente en esos lugares en comparación con mi país. Algo diferente en los almas y los corazones de la gente. Lo siento cada momento que estoy allá. Es difícil explicar con palabras.

Sin embargo, mi vida y mis viajes no son importantes. La única cosa importante es mi mensaje. Por favor lee bien con tus ojos y escucha bien con tu alma y tu corazón.

El gran imperio al norte va a caer. He vivido acá casi mi vida entera, y puedo ver que va a terminar, sin duda pronto.

Obviamente pasará violencia y destrucción. Hay violencia y destrucción aquí, cada día. Es normal. Este país es una fuente de violencia y destrucción. La cultura es tan corrompida que hombres armados visitan escuelas y matan niños sin razón.

Nuestra sociedad se está pudriendo, y la enfermedad es corrupción. No corrupción política—aunque hay un montón de esta también—pero corrupción del alma. Corrupción del sentido de la vida humana.

Claro que no sabemos exactamente porqué existimos. Es una pregunta difícil y con mucho desacuerdo. Cada cultura tiene sus ideas del sentido de la vida.

Pero es obvio que el sentido de la vida no es la explotación.

No es el maltrato perpetuo de la gente y de los seres vivos en general.

No es la acumulación sin límites de la plata.

No es la guerra sin fin, la conquista, la tortura, la opresión.

No es la reducción de seres humanos al ganado.

Pero son estas cosas exactas que forman la religión oficial del imperio de los Estados Unidos.

Esta fe no tiene Cielo ni Infierno. No tiene Dios, ni siquiera dioses menores. Tiene solamente la adoración de la prosperidad material. La eficiencia. La capacidad para ganar plata y la libertad para perseguir este objetivo. Nada más.

Esta sistema tiene beneficios, obviamente. La eficiencia trae la riqueza, y con la riqueza es posible resolver muchos problemas. Pero, como en todas cosas, se necesite el equilibrio, y se falta acá.

Es verdad también que tenemos algunas libertades aquí que no existen en todas partes. Las libertades de expresión y de fe son bien conocidas en muchas partes.

Los arquitectos de este experimento entendieron bien que, sin la libertad, un gobierno no puede sobrevivir. La gente lo odiará, y eventualmente lo derrocará.

A fin de cuentas, son las ideas exactamente que justificaron la guerra contra la monarquía de la Inglaterra, cientos de años pasados. En esta, los revolucionarios tenían razón, como muchos otros revolucionarios que lucharon por su independencia de colonizadores europeos.

Pero, lamentablemente, solo tenían razón de esta cosa, y nada más. Cualquier hombre puede enojarse con un tirano; no significa que es buen hombre. No es señal de un corazón puro o de la inteligencia, a enojarse cuando alguien te ataca.

Después de que los revolucionarios escribieran sus documentos elegantes, proclamando al mundo la importancia de la libertad y la independencia, la mayoría de ellos regresaron en casas llenas de esclavos, de riqueza robada, y de sufrimiento humano.

Hoy, la máquina de su creación es un monstruo que está infligiendo una pesadilla al mundo, destruyendo países enteros, y tratando seres humanos como propiedad desechable.

¿Estás sorprendido? Espero que no. Mira el agujero del que salió esta bestia, un pozo de esclavizadores y abusadores cuya única virtud es el enriquecimiento, sin conciencia.

Agradecidamente, la máquina monstruosa está muriendo. No es sostenible, y ahora sus debilidades se están volviendo obvias a su gente y el mundo.

La cosa más obvia es que la salud pública es malísima. Somos desproporcionadamente gordos. Mucha gente tiene diabetes y otras enfermedades crónicas, drogadicción, y aflicciones psicológicas. Prácticamente toda la gente toma pastillas de varios tipos de una edad joven, con costo desconocido.

Claro que la enfermedad existe en humanos en todas partes, de tiempo inmemorial. El problema no es la enfermedad, sino la explotación de la enfermedad. Aquí las corporaciones controlan todo, incluso la producción de la comida, la profesión médica, y el seguro de salud.

Mira bien y verás un país lleno de comida procesada que enferma a la gente, porque es barata a hacer y bien lucrativa a vender. Lleno de tratamientos médicos carísimos, suficiente para arruinar una familia con una visita al hospital. Lleno de prácticas abusivas en la facturación y el seguro.

Y todas las industrias son así, o están creciendo rápidamente en esta dirección—incluso servicios críticos como la luz y el alojamiento. ¿Por qué?

Porque es la forma de la máquina. Es su razón a apoderar un grupo pequeño a usar la productividad del resto de la gente para lucro, al máximo, sin moralidad y sin conciencia. Así crece el niño de esclavizadores.

Cuando este niño muere, va a estar caótico. La mayoría de la gente aquí no sabe cómo sobrevivir. No sabe cómo cultivar la comida o cuidar los animalitos. No tiene respeto por la vida o la tierra.

La razón de la vida aquí es comercial; aquí es posible y común hacer cosas inútiles y todavía ganar mucha plata. Así las industrias útiles han desaparecido, y con ellas la capacidad de la gente a hacer cosas básicas. Sobrevivimos en nuestra burbuja, pero sin la burbuja, somos tan indefensos como un bebé.

Nuestra economía aquí es mayormente dependiente de importaciones de otros países— típicamente países donde el gobierno y las corporaciones tienen negocios injustos o abusivos. Siempre lucro máximo, a cualquier precio al mundo y su gente. Claro que este arreglo es gran crimen contra la humanidad, y cuando termina, Dios va a sonreír.

Pero en ese momento, un problema va a aparecer. La gente aquí depende de este arreglo para casi todas las necesidades de la vida: comida, ropa, carros, electrónicas, petróleo, todo. Puedes imaginar qué pasará cuando estas cosas no estén disponibles no más, para cientos de millones de personas.

Cuando pasa, habrá un desastre histórico. Mucha gente morirá, mucha sufrirá, y mucha tratará escapar de este país. Esta eventualidad es mi razón para escribir este mensaje a ti.

Puedo entender si tu instinto es rechazar estos extranjeros que han rechazado la gente de tu parte del mundo durante generaciones— ciudadanos del monstruo del norte, que ha infligiendo la violencia y la injusticia y la explotación en tu tierra.

Te pido en el nombre de Dios a perdonar a esta gente. Son Sus hijos rebeldes, pero todavía Sus hijos, y así son tus hermanos también.

Cuando llegarán con hambre, sin ropa, y con sus mentes revueltas de generaciones de vivir en sociedad antinatural, El te pida a conceder a ellos una apertura a contrición. El te pide conceder a los sobrevivientes una oportunidad a reunirse con la familia humana.

Antes de escribir, no sabía exactamente la razón de este mensaje. Simplemente comencé a escribir, porque me pidió que escribiera.

Ahora, yo sé que está completo porque lloré, un tipo particular de lágrimas. Es Su manera de decirme que Él está comunicado conmigo, a distinguir Sus palabras y sentimientos de mis propios pensamientos.

No tengo más que decirte de Él, excepto gracias por ser Su gente, y nunca tengas miedo a hablar con Él.

Cuídate bien, amiguito, y gracias por leer mi mensaje.

Tu amigo al norte,

Jim